AF204214

DIE SCHÖNSTEN ANEKDOTEN

Herausgegeben von Matthias Reiner
Mit Illustrationen von
Mehrdad Zaeri

INSEL VERLAG

Insel-Bücherei Nr. 1439

© Insel Verlag Berlin 2017

DIE SCHÖNSTEN ANEKDOTEN

»Historischen Anekdoten habe ich nie widerstehen
können, bin auch jetzt noch der Meinung, dass sie das
Beste aller Historie sind.«   *Theodor Fontane*

»Alle Anekdoten sind Lügen.«
                              Heimito von Doderer

DAS GRABMAL DER SEMIRAMIS

Semiramis hatte sich auf das für sie bestimmte Grabmal die Inschrift setzen lassen: »Jeder König, der etwa Geld nötig hat, mag dieses Grab erbrechen und sich nehmen, was ihm beliebt.« Dareios ließ sich das nicht zweimal sagen, fand aber keine Schätze, sondern eine zweite Inschrift, die folgendermaßen lautete: »Wärest du nicht ein schlechter Kerl und von unstillbarer Gier nach Geld erfüllt, dann hättest du wohl nicht die Ruhe von Toten gestört.«

DAS GESCHENK DES TYRANNEN

Der Dichter Anakreon hatte von Polykrates die immense Summe von fünf Talenten geschenkt bekommen. Als er sich darum zwei Nächte lang Sorgen gemacht hatte, gab er das Geld zurück und sagte, es sei die Angst nicht wert, die er deswegen ausstehen müsse.

TODESURTEIL

Als die Athener in verbrecherischem Wahnsinn über Sokrates das Todesurteil gesprochen hatten und er bereits mit tapferem Herzen und beherrschter Miene den Giftbecher aus der Hand des Henkers empfangen hatte, ja ihn schon zum Munde führte, da schrie seine Frau Xanthippe unter Weinen und Klagen, er müsse nun unschuldig sterben. »Na und?« fragte sie Sokrates, »meinst du etwa, es wäre besser für mich, wenn ich nun schuldig in den Tod ginge?«

DAS SCHERBENGERICHT

Als die Athener damals (482 v. Chr.) – so wird erzählt – das Scherbengericht durchführten, da hielt einer, der nicht schreiben konnte und auch sonst völlig ungebildet war, dem Aristeides, der zufällig vorbeikam und den er für einen x-beliebigen Mitbürger hielt, eine Scherbe hin und bat, er möge für ihn den Namen ›Aristeides‹ daraufschreiben. Als dieser ihn daraufhin erstaunt fragte, ob Aristeides ihm ein Unrecht angetan habe, sagte der andere: »Ich kenne den Mann nicht einmal, aber ich ärgere mich fürchterlich darüber, dass er von allen ›der Gerechte‹ genannt wird.« Als Aristeides dies hörte, erwiderte er nichts, schrieb seinen Namen auf die Scherbe und gab sie zurück. Nachdem er die Stadt verlassen hatte, so sagt man, erhob er die Hände zum Gebet und bat, Athen möge nie in die Verlegenheit kommen, sich seiner erinnern zu müssen.

DER GORDISCHE KNOTEN

Die Stadt Gordion, die sagenhafte Residenz des altberühmten Königs Midas, eroberte Alexander und besichtigte dort den bekannten Wagen, der mit dem Bast von Kornelkirschen zusammengebunden war. Er hörte auch die Sage, die sich an ihn knüpft und die die Barbaren für wahr halten, daß nämlich derjenige, der den Knoten löse, dazu bestimmt sei, König über die ganze Erde zu werden. Die meisten berichten nun, daß die Enden des Knotens, da vielfach ineinander verschlungen und verknotet, nicht zu sehen gewesen seien, und daher sei Alexander nicht in der Lage gewesen, den Knoten aufzulösen, sondern habe ihn mit dem Schwert durchtrennt, wodurch viele Enden zum Vorschein gekommen seien. Aristobulos erzählt dagegen, das Auflösen sei Alexander ganz leichtgefallen, indem er einfach den Pflock, mit dem der Jochriemen festgehalten war, aus der Deichsel herauszog und so das Joch vom Wagen trennte.

»GEH MIR AUS DER SONNE!«

Jeder Ort diente Diogenes zu allem, wie Frühstücken, Schlafen, Disputieren. So zeigte er denn auf die Säulenhalle des Zeus und auf das Pompeion und meinte, das hätten ihm die Athener als Wohnstätte errichtet.

Einmal hatte er jemanden beauftragt, ihm ein Häuschen zu besorgen. Als der damit zögerte, wählte er als Behausung ein Fass.

Einmal sah er ein Kind, das aus den Händen trank; da warf er den Becher aus seinem Rucksack weg und bemerkte: »Ein Kind hat mich in der Genügsamkeit übertroffen.« Auch seine Schüssel warf er weg, als er ein Kind beobachtete, das seinen Teller zerbrochen hatte und nun für seinen Linsenbrei ein hohles Brotstück als Gefäß benutzte.

Während er sich einmal im Kraneion [dem Gymnasion von Korinth] sonnte, trat Alexander an ihn heran und sagte: »Wünsch dir, was du möchtest!« Und er: »Geh mir aus der Sonne!«

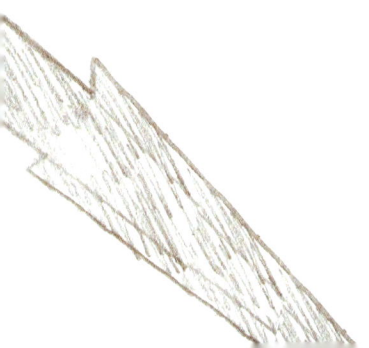

DAS SCHWERT DES DAMOKLES

Übrigens wußte dieser Tyrann selbst genau Bescheid, wie »glücklich« er war. Als nämlich einer seiner Bewunderer, Damokles, in einer Unterhaltung auf seinen Reichtum, den Glanz seiner Herrschaft, den Überfluß an allen schönen Dingen, die Pracht des Palastes zu sprechen kam und erklärte, nie sei jemand glücklicher gewesen, fragte Dionysios: »Möchtest du also, mein lieber Damokles, da dich dieses mein Leben erfreut, es selbst einmal kosten und mein Glück erfahren?« Das wolle er gern, erwiderte jener. Darauf ließ ihn der Tyrann auf einem goldenen Sofa Platz nehmen, das mit wunderschönen Webarbeiten bespannt und aufs herrlichste bemalt war, und mehrere Tische herrichten, die goldene und silberne Reliefs schmückten. Ferner befahl er, daß ausgewählte Jungen von hervorragender Schönheit sich bei Tische postieren und ihm jeden Wunsch von den Augen ablesen sollten. Parfüms waren da und Kränze, man zündete Räucherwerk an, und auf den Tischen türmten sich die ausgesuchtesten Delikatessen. Damokles meinte, er sei glücklich – doch mitten in all der Pracht befahl Dionysios, ein blitzendes Schwert, das an einem Pferdehaar befestigt war, von der Zimmerdecke so herabzulassen, daß es genau über dem Nacken jenes Glücklichen hing. Da sah der weder die hübschen Diener mehr an noch das kunstvoll bearbeitete Tafelsilber; er konnte die Hand nicht mehr zum Tisch hin strecken, schon rutschten ihm ganz von selbst die Kränze vom Kopf, und schließlich brachte er den Tyrannen mit Bitten dahin, ihn gehen zu lassen, weil er nicht mehr den Wunsch habe, »glücklich« zu sein.

Nicht zu Hause

Dem entspricht auch die bekannte Antwort Nasicas. Als er den Dichter Ennius aufsuchte und ihm die Magd an der Türe auf seine Frage nach Ennius sagte, er sei nicht zu Hause, erkannte er, daß sie das auf Geheiß ihres Herrn gesagt hatte und daß er daheim war. Als Ennius ein paar Tage später zu Nasica kam und an der Tür nach ihm fragte, rief Nasica, er sei nicht zu Hause. »Wie?« erwiderte Ennius, »erkenne ich nicht deine Stimme?« Darauf Nasica: »Du bist ein unverschämter Kerl. Als ich nach dir fragte, glaubte ich deiner Magd, daß du nicht zu Hause seist, und du willst mir selbst nicht glauben?«

Cicero

DIE MUTTER DER GRACCHEN

Es befand sich einst eine kampanische Matrone als Gast bei Cornelia, der Mutter der Gracchen, und zeigte derselben ihren gesamten Schmuck, welcher für die damaligen Zeiten bedeutend war. Nun spann Cornelia dieses Gespräch so lange fort, bis ihre Kinder aus der Schule kamen, und rief dann aus: »Das ist mein Schmuck!«

Valerius Maximus

LAKONISCHE HÖFLICHKEIT

In Athen erschien eines Tages ein hochbetagter Greis im Schauspiel. Kein Bürger bot ihm einen Sitz an. Da kam er zufällig in die Nähe der lazedämonischen Gesandten. Diese, gerührt von dem Alter des Mannes, erhoben sich voll Hochachtung gegen sein weißes Haar und seine Jahre und räumten ihm auf dem ehrenvollsten Platze in ihrer Mitte einen Sitz ein. Als das Volk solches bemerkte, ehrte es durch den rauschendsten Beifall diese Ehrerbietung an den Ausländern. Einer der Lazedämonier soll hierauf geäußert haben: »So wissen also die Athener wohl, was recht ist, unterlassen aber, es zu tun.«

Valerius Maximus

LUCULLUS

Lucullus besaß im Binnenlande eine Villa bei Tusculum mit offenen, eine weite Aussicht bietenden Speisesälen und Wandelhallen. Als ihn einmal Pompejus dort besuchte, bemängelte er, daß er den Landsitz zwar vortrefflich für den Sommer, aber unbewohnbar im Winter eingerichtet habe; worauf Lucullus lachend erwiderte: »Ja, glaubst du denn, daß ich weniger Verstand habe als die Kraniche und die Störche, so daß ich nicht meinen Aufenthalt mit den Jahreszeiten wechsle?«

Plutarch

EHRGEIZ

Als Caesar (auf dem Weg nach Spanien) das Gebiet der Alpen durchquerte, passierte er auch ein Barbarendorf, in dem nur wenige Einwohner ein karges Dasein fristeten. Da meinten Caesars Begleiter und wollten sich dabei vor Lachen ausschütten: »Ob man wohl auch hier um Staatsämter streitet, sich gegenseitig aus dem Feld zu schlagen versucht und neidisch ist auf die Mächtigen.« Caesar jedoch erwiderte mit großem Ernst in der Stimme: »Ich persönlich wäre lieber hier der Erste als in Rom der Zweite.«

LEBENSWANDEL

Bei einem Gladiatorenspiel hatten Livia, die Gattin des Augustus, und ihre Tochter Julia die Aufmerksamkeit der Zuschauer durch die Verschiedenheit ihres Gefolges erregt. Während Livia von ernsten, gesetzten Männern umgeben war, saß Julia in einem Kreis ausgelassener junger Männer von zügellosem Lebenswandel. Als Augustus sie deswegen in einem Schreiben tadelte, antwortete sie nicht unfein: »Die werden auch einmal mit mir zusammen älter.«

RUHEKISSEN

Beim Tod eines römischen Ritters zeigte sich, daß dieser ungeheure Schulden hinterließ, die er zu Lebzeiten sehr geschickt verborgen hatte. Man erzählte Augustus davon, und der Kaiser ließ bei der Versteigerung des Hausrates das Kopfkissen des Verstorbenen für sich erwerben. Seinen Freunden, die sich darüber wunderten, sagte er: »Das Kopfkissen muß ich haben, auf dem ein so verschuldeter Mann überhaupt schlafen konnte.«

GIOTTO UND DAS SCHWEIN

Wer mit Florenz vertraut ist, weiß, daß man jeden ersten Sonntag im Monat die Kirche San Gallo besucht; Männer und Frauen gehen in Gesellschaft mehr zum Vergnügen dorthin, als um Ablaß zu erlangen. An einem solchen Sonntag brach nun Giotto mit einigen Freunden nach San Gallo auf, und als er in der Via del Cocomero eine kurze Rast machte, um eine Geschichte zu erzählen, und als Schweine aus dem Kloster der Antonianermönche vorbeikamen, rannte ihm eines davon so heftig zwischen die Beine, daß er zu Boden fiel. Er stand mit Hilfe seiner Gesellen wieder auf und schüttelte den Staub von den Kleidern; und weder fluchte er auf die Schweine, noch rief er ihnen auch nur ein einziges Wort nach, sondern wandte sich zu den Freunden und sagte halb lächelnd: »Haben sie denn nicht etwa recht? Hab' ich doch mein Lebtag mit ihren Borsten Tausende von Lire verdient und ihnen nie eine Schüssel voll zu fressen gegeben.«

Franco Sacchetti

DER VERLORENE ESEL

Eines Tages verlor Nasreddin Hodscha seinen Esel, und während er noch nach ihm suchte, freute er sich. Als die Leute das sahen, wunderten sie sich darüber und wollten den Grund dafür herausfinden. Da entgegnete ihnen der Hodscha: »Ich bin so froh, daß ich nicht auf dem Esel saß, als er verlorenging. Sonst wäre ich womöglich auch noch verlorengegangen!«

EIN MANN, EIN WORT

Einer seiner Freunde fragte den Hodscha einmal: »Wie alt bist du?« Er antwortete: »Vierzig Jahre!« – »Aber das hast du doch schon gesagt, als ich dich vor drei Jahren gefragt habe!« – »Ja«, erwiderte der Hodscha: »Ein Mann, ein Wort!«

PYRRHUS UND KYNEAS

Als König Pyrrhus den Vorsatz faßte, nach Italien über-
zusetzen, wollte ihn Kyneas, sein weiser Ratgeber, die Ei-
telkeit seines Ehrgeizes fühlen lassen. »Nun wohl, Herr«,
fragte er ihn, »zu welchem Ende beginnt Ihr diese große
Unternehmung?« – »Um mich zum Herrn von Italien
zu machen«, antwortete er ohne Zögern. »Und dies getan, was dann?« fragte Kyneas weiter. »Dann werde ich
nach Gallien und Spanien ziehen.« – »Und dann?« –
»Dann werde ich hingehen und Afrika bezwingen; und
endlich, wenn ich mir die Welt unterwürfig gemacht
habe, will ich mich zur Ruhe setzen und ein zufriede-
nes, gemächliches Leben führen.« – »Bei Gott, Herr«,
versetzte darauf Kyneas, »sagt mir doch, woran es fehlt,
daß Ihr nicht jetzt schon, wenn Ihr es wollt, in dieser
Lage seid? Warum laßt Ihr Euch nicht von Stund an zu
dieser Ruhe nieder, nach der Ihr zu streben behauptet,
und erspart Euch nicht all die Beschwerden und Gefah-
ren, die Ihr Euch in den Weg legt?«

Michel de Montaigne

Nehmen und geben

Helvétius war in seiner Jugend schön wie Amor. Eines Abends, als er im Foyer saß und sich, obzwar neben Mademoiselle Gaussin, ganz ruhig verhielt, kam ein berühmter Finanzmann daher und sagte der Schauspielerin so laut ins Ohr, daß Helvétius es mithörte: »Mademoiselle, würde es Ihnen passen, sechshundert Louisdors im Tausch gegen einige Gefälligkeiten anzunehmen?« – »Monsieur«, erwiderte sie (laut genug, daß man es gleichfalls vernehmen konnte, und auf Helvétius zeigend), »ich werde Ihnen zweihundert geben, wenn Sie morgen früh mit diesem Gesicht da bei mir erscheinen.«

Nicolas Chamfort

DAS EI DES KOLUMBUS

Als Kolumbus noch davon träumte, westwärts eine neue Route nach Indien zu finden, schalten die Gelehrten ihn einen Irren und Phantasten. Nach der Entdeckung jedoch hielten einige dafür, dies sei gar nichts Besonderes, vielmehr ganz logisch. So geschah es einst in Salamanca, vor einer Versammlung von Gelehrten und Höflingen, die nach dessen erster Reise zu Kolumbus meinten, seine Tat sei so schwierig auch wieder nicht gewesen.

Kolumbus beschloß, den Neid mit Spott zu vergelten, und forderte alle auf, ein gesottenes Ei auf die Spitze zu stellen. Alle versuchten es, doch vergeblich, und hielten es für unmöglich. Worauf Kolumbus die Spitze des Eis leicht gegen den Tisch schlug und es auf der angebeulten Stelle schön aufrecht stellte. Alle fielen über ihn her, so sei es natürlich leicht, aber keinem war es vorher eingefallen.

Anekdote vom Weissagen

D'Argens sagte zum König, er wisse einen Geistlichen, der weissagen könne. »Möcht ihn sehen«, sagte der König und befahl, daß, sobald der Prophet kommen würde, ein zum Galgen verurteilter Soldat vor seinem Zimmer Schildwache stehen sollte. – Der Geistliche kam. »Er kann weissagen?« sagte der König; »nun so sag Er mir, wie lange die Schildwache da noch leben wird?« Der Geistliche studierte die Physiognomie des Soldaten und sagte endlich: »Der Kerl wird in einem hohen Alter sterben.« – Laut lachend erwiderte der König: »Weiß er, Herr Weissager, daß ich diesen Kerl morgen hängen lasse?« Der Pfarrer blieb bei seinem Worte. An brach der Tag der Hinrichtung; schon stand der Unglückliche am Pfahl des Todes: eine Karosse rollte vorbei. Die Herzogin von Braunschweig und Prinzessin Amalia wollten ihren königlichen Bruder mit einem Besuch überraschen. – »Halt, was gibt es hier?« »Eine Exekution, Ihro Hoheit!« »Was hat der Kerl getan?« »Er ist desertiert.« »Ein paar Minuten Verzug, bis auf weitern Befehl.« –

Die Prinzessinnen kamen nach Potsdam und wurden von Friedrich mit Bruderfreuden begrüßt. »Oh, ehe wir mehr sprechen, gewähren Sie uns eine Gnade, liebster Bruder! Sie können es tun; schwören Sie uns, wollen Sie?« – Besiegt von dieser zärtlichen Zudringlichkeit, sagte der König: »Ich will's! so sprecht!« »Wir bitten um das Leben des armen Soldaten, der soeben gehangen werden soll.« »Ist er's noch nicht?« sagte der erstaunte König. Ein Kurier brachte dem Missetäter das Leben, und der weissagende Priester wurde königlich belohnt. Sollte die Vorhersehungskraft, die durch die Annäherung einer wichtigen Begebenheit bei empfindlichen Seelen in Bewegung gesetzt wird, gänzlich in uns erloschen sein? Wer kennt die Tiefen der Menschenseele?

Christian Friedrich Daniel Schubart

DER AFRIKANISCHE RECHTSSPRUCH

Alexander aus Mazedonien kam einst in eine entlegne goldreiche Provinz von Afrika; die Einwohner gingen ihm entgegen und brachten ihm Schalen dar, voll goldner Apfel und Früchte. »Esset ihr diese Früchte bei euch?« sprach Alexander; »ich bin nicht gekommen, eure Reichtümer zu sehen, sondern von euren Sitten zu lernen.« Da führeten sie ihn auf den Markt, wo ihr König Gericht hielt.

Eben trat ein Bürger vor und sprach: »Ich kaufte, o König, von diesem Manne einen Sack voll Spreu und habe einen ansehnlichen Schatz in ihm gefunden. Die Spreu ist mein, aber nicht das Gold; und dieser Mann will es nicht wiedernehmen. Sprich ihm zu, o König, denn es ist das Seine.«

Und sein Gegner, auch ein Bürger des Orts, antwortete: »Du fürchtest dich, etwas Unrechtes zu behalten; und ich sollte mich nicht fürchten, ein solches von dir zu nehmen? Ich habe dir den Sack verkauft, nebst allem, was drinnen ist; behalte das Deine. Sprich ihm zu, o König.«

Der König fragte den ersten, ob er einen Sohn habe. Er antwortete: »Ja.« Er fragte den andern, ob er eine Tochter habe, und bekam ja zur Antwort. »Wohlan«, sprach der König, »ihr seid beide rechtschaffene Leute: Verheiratet eure Kinder untereinander und gebet ihnen den gefundenen Schatz zur Hochzeitgabe; das ist meine Entscheidung.«

Alexander erstaunte, da er diesen Ausspruch hörte. »Habe ich unrecht gerichtet«, sprach der König des fernen Landes, »daß du also erstaunest?« – »Mitnichten«, antwortete Alexander, »aber in unserm Lande würde man anders richten.« – »Und wie denn?« fragte der afrikanische König. »Beide Streitende«, sprach Alexander, »verlören ihre Häupter, und der Schatz käme in die Hände des Königs.«

Da schlug der König die Hände zusammen und sprach: »Scheinet denn bei euch auch die Sonne, und läßt der Himmel noch auf euch regnen?« Alexander antwortete: »Ja.« – »So muß es«, fuhr er fort, »der unschuldigen Tiere wegen sein, die in eurem Lande leben; denn über solche Menschen sollte keine Sonne scheinen, kein Himmel regnen.«

Johann Gottfried Herder

KANNITVERSTAN

Der Mensch hat wohl täglich Gelegenheit, in Emmendingen und Gundelfingen, so gut als in Amsterdam, Betrachtungen über den Unbestand aller irdischen Dinge anzustellen, wenn er will, und zufrieden zu werden mit seinem Schicksal, wenn auch nicht viel gebratene Tauben für ihn in der Luft herumfliegen. Aber auf dem seltsamsten Umweg kam ein deutscher Handwerksbursche in Amsterdam durch den Irrtum zur Wahrheit und zu ihrer Erkenntnis. Denn als er in diese große und reiche Handelsstadt voll prächtiger Häuser, wogender Schiffe und geschäftiger Menschen, gekommen war, fiel ihm sogleich ein großes und schönes Haus in die Augen, wie er auf seiner ganzen Wanderschaft von Tuttlingen bis nach Amsterdam noch keines erlebt hatte. Lange betrachtete er mit Verwunderung dies kostbare Gebäude, die sechs Kamine auf dem Dach, die schönen Gesimse und die hohen Fenster, größer als an des Vaters Haus daheim die Tür. Endlich konnte er sich nicht entbrechen, einen Vorübergehenden anzureden. »Guter Freund«, redete er ihn an, »könnt Ihr mir nicht sagen, wie der Herr heißt, dem dieses wunderschöne Haus gehört mit den Fenstern voll Tulipanen, Sternenblumen und Levkojen?« – Der Mann aber, der vermutlich etwas Wichtigeres zu tun hatte, und zum Unglück gerade so viel von der deutschen Sprache verstand, als der Fragende von der holländischen, nämlich nichts, sagte kurz und schnauzig: »*Kannitverstan*« und schnurrte vorüber. Dies war ein holländisches Wort, oder drei, wenn man's recht betrachtet, und heißt auf deutsch so viel, als: *Ich kann Euch nicht verstehn*. Aber der gute Fremdling glaubte, es sei der Name des Mannes, nach dem er gefragt hatte. Das muß ein grundreicher Mann sein, der Herr Kannitverstan, dachte er, und ging weiter. Gaß aus Gaß ein kam er endlich an den Meerbusen, der da heißt: Het Ei, oder auf deutsch: das Ypsilon. Da stand nun Schiff an Schiff, und Mastbaum an Mastbaum; und er wußte anfänglich nicht, wie er es mit seinen zwei einzigen Augen durch-

fechten werde, alle diese Merkwürdigkeiten genug zu sehen und zu betrachten, bis endlich ein großes Schiff seine Aufmerksamkeit an sich zog, das vor kurzem aus Ostindien angelangt war, und jetzt eben ausgeladen wurde. Schon standen ganze Reihen von Kisten und Ballen auf- und nebeneinander am Lande. Noch immer wurden mehrere herausgewälzt, und Fässer voll Zucker und Kaffee, voll Reis und Pfeffer, und salveni Mausdreck darunter. Als er aber lange zugesehn hatte, fragte er endlich einen, der eben eine Kiste auf der Achsel heraustrug,

wie der glückliche Mann heiße, dem das Meer alle diese Waren an das Land bringe. »*Kannitverstan*«, war die Antwort. Da dachte er: Haha, schaut's da heraus? Kein Wunder, wem das Meer solche Reichtümer an das Land schwemmt, der hat gut solche Häuser in die Welt stellen, und solcherlei Tulipanen vor die Fenster in vergoldeten Scherben. Jetzt ging er wieder zurück, und stellte eine recht traurige Betrachtung bei sich selbst an, was er für ein armer Mensch sei unter so viel reichen Leuten in der Welt. Aber als er eben dachte: Wenn ich's doch nur auch einmal so gut bekäme, wie dieser Herr Kannitverstan es hat, kam er um eine Ecke, und erblickte einen großen Leichenzug. Vier schwarz vermummte Pferde zogen einen ebenfalls schwarz überzogenen Leichenwagen langsam und traurig, als ob sie wüßten, daß sie einen Toten in seine Ruhe führten. Ein langer Zug von Freunden und Bekannten des Verstorbenen folgte nach, Paar und Paar, verhüllt in schwarze Mäntel, und stumm. In der Ferne läutete ein einsames Glöcklein. Jetzt ergriff unsern Fremdling ein wehmütiges Gefühl, das an keinem guten Menschen vorübergeht, wenn er eine Leiche sieht, und blieb mit dem Hut in den Händen andächtig stehen, bis alles vorüber war. Doch machte er sich an den letzten vom Zug, der eben in der Stille ausrechnete, was er an seiner Baumwolle gewinnen könnte, wenn der Zentner um 10 Gulden aufschlüge, ergriff ihn sachte am Mantel, und bat ihn treuherzig um Excuse. »Das muß wohl auch ein guter Freund von Euch gewesen sein«, sagte er, »dem das Glöcklein läutet, daß Ihr so betrübt und nachdenklich mitgeht.« »Kannitverstan!« war die Antwort. Da fielen unserm guten Tuttlinger ein paar große Tränen aus den Augen, und es ward ihm auf einmal schwer und wieder leicht ums Herz. »Armer Kannitverstan«, rief er aus, »was hast du nun von allem deinem Reichtum? Was ich einst von meiner Armut auch bekomme: ein Totenkleid und ein Leintuch, und von allen deinen schönen Blumen vielleicht einen Rosmarin auf die kalte Brust, oder eine Raute.« Mit diesen Gedanken begleitete er die Leiche, als wenn er dazu gehörte, bis ans Grab, sah den vermeinten Herrn Kannitverstan hinabsenken in seine Ruhestätte, und ward von der holländischen Leichenpredigt, von der er kein Wort verstand, mehr gerührt, als von mancher deutschen, auf die er nicht achtgab. Endlich ging er leichten Herzens, mit den andern wieder fort, verzehrte in einer Herberge, wo man Deutsch verstand, mit gutem Appetit ein Stück Limburger Käse, und, wenn es ihm wieder einmal schwer fallen wollte, daß so viele Leute in der Welt so reich seien, und er so arm, so dachte er nur an den Herrn Kannitverstan in Amsterdam, an sein großes Haus, an sein reiches Schiff, und an sein enges Grab.

Johann Peter Hebel

MOSES MENDELSSOHN

Moses Mendelssohn war jüdischer Religion, und Handlungsbedienter bei einem Kaufmann, der das Pulver nicht soll erfunden haben. Dabei war er aber ein sehr frommer und weiser Mann, und wurde daher von den angesehensten und gelehrtesten Männern hochgeachtet und geliebt. Und das ist recht. Denn man muß um des Bartes willen den Kopf nicht verachten, an dem er wächst. Dieser Moses Mendelssohn gab unter anderm von der Zufriedenheit mit seinem Schicksal folgenden Beweis. Denn

als eines Tages ein Freund zu ihm kam, und er eben an einer schweren Rechnung schwitzte, sagte dieser: »Es ist doch schade, guter Moses, und ist unverantwortlich, daß ein so verständiger Kopf wie Ihr seid, einem Manne ums Brot dienen muß, der Euch das Wasser nicht bieten kann. Seid Ihr nicht am kleinen Finger gescheiter, als der am ganzen Körper, so groß er ist?« Einem andern hätt' das im Kopf gewurmt, er hätte Feder und Tintenfaß mit ein paar Flüchen hinter den Ofen geworfen, und seinem Herrn aufgekündet auf der Stelle. Aber der verständige Mendelssohn ließ das Tintenfaß stehen, steckte die Feder hinter das Ohr, sah seinen Freund ruhig an, und sprach zu ihm also: »Das ist recht gut, wie es ist, und von der Vorsehung weise ausgedacht. Denn so kann mein Herr von meinen Diensten viel Nutzen ziehn, und ich habe zu leben. Wäre ich der Herr, und er mein Schreiber, ihn könnte ich nicht brauchen.«

Johann Peter Hebel

LESART

Friedrich II. wollte Moses Mendelssohn kennenlernen und lud ihn zu einem Gesellschaftsabend nach Sanssouci. Da Mendelssohn in der fremden Umgebung jedoch schwieg, war der König enttäuscht und schrieb auf einen Zettel: »Moses Mendelssohn ist ein Esel. Friedrich II.« Diesen Zettel befal er dem Philosophen vorzulesen. Das tat Mendelssohn. Er las: »Moses Mendelssohn ist ein Esel, Friedrich der zweite.«

DANKBARKEIT

In der Seeschlacht von Trafalgar, während die Kugeln sausten und die Mastbäume krachten, fand ein Matrose noch Zeit zu kratzen, wo es ihn biß, nämlich auf dem Kopf. Auf einmal streifte er mit zusammengelegtem Daumen und Zeigefinger bedächtig an einem Haare herab und ließ ein armes Tierlein, das er zum Gefangenen gemacht hatte, auf den Boden fallen. Aber indem er sich niederbückte, um ihm den Garaus zu machen, flog eine feindliche Kanonenkugel ihm über den Rücken weg, paff, in das benachbarte Schiff. Da ergriff den Matrosen ein

dankbares Gefühl, und überzeugt, daß er von dieser Kugel wäre zerschmettert worden, wenn er sich nicht nach dem Tierlein gebückt hätte, hob er es schonend von dem Boden auf und setzte es wieder auf den Kopf. »Weil du mir das Leben gerettet hast«, sagte er; »aber laß dich nicht zum zweitenmal attrappieren, denn ich kenne dich nimmer.«

Johann Peter Hebel

EINFÜHRUNG INS LEBEN

Als sein einziger Sohn siebzehn Jahre alt war, beschloß Suwarow, ihn bei der Kaiserin Katharina einzuführen. Er trat mit ihm in das Vorzimmer, das von Wartenden und Aufwartenden angefüllt war. Die Leute, die sich bei ihm immer über etwas zu wundern hatten, verwunderten sich über den Aufzug und Anzug des Jünglings. Der Vater hatte ihn gekleidet, wie in den Tagen Peters des Ersten die Pagen gekleidet zu werden pflegten. Der Alte, welcher zu der Kaiserin immer freien Zutritt hatte, sprang, wie er denn mehr zu laufen als zu gehen gewohnt war, mit seinem Sohn rasch durch die Reihen der Weichenden und faßte den Türdrücker, als wenn er zur Herrscherin eingehen wolle. Plötzlich lief er aber ebenso geschwind wieder zurück bis in die Mitte des Saals, stand dort einige Augenblicke, wie wenn er in Betrachtung vertieft wäre, und führte dann seinen Sohn eine Stunde rundherum, die einzelnen der Dastehenden der Reihe nach zu begrüßen. Er fing bei den Vornehmsten an mit geringster Verbeugung des sohnlichen Nackens, welche er mit seinen väterlichen Händen abmaß, vermehrte diese, wie er die Rangklassen hinabstieg, und indem er bei dem Sklaven, der die Kohlen im Kamin aufschürte, aufhörte, drückte er die Stirn des Jünglings bis in den Staub des Fußbodens nieder. Darauf ihn wieder aufrichtend, sprach er feierlich und überlaut, so daß der ganze Saal es hörte:

»Mein Sohn, du trittst heute auf eignen Füßen in das Leben ein, vergiß nicht der großen Lehre, die ich dir habe geben wollen: sieh! diese Herren«, auf die Vornehmsten zeigend, »sind, was sie werden können, aus jenen aber kann noch alles werden.«

Ernst Moritz Arndt

INKOGNITO

Zu Friedrichs Zeiten war es den Offizieren streng verboten, Zivil zu tragen.

Ein flotter Leutnant übertrat einmal das Verbot. Er ging mit seiner Herzensdame in Sanssouci spazieren, trug dabei einen bürgerlichen Rock und hatte, wohl aus Mutwillen, den Degen untergeschnallt, im Gefühle der Sicherheit, daß der König in Postdam sei. Beim Einbiegen in eine Allee stand plötzlich der König vor ihm. Verwundert schaute dieser den merkwürdigen Degenträger an und fragte:

»Wer ist Er?« Der Offizier war erschrocken stehengeblieben, hatte aber doch die Geistesgegenwart, zu antworten:

»Ich bin ein Offizier, allein, ich bin inkognito hier.« Diese witzige Entschuldigung gefiel dem König so gut, daß er sagte: »Also mach Er, daß Ihn der König nicht sieht«, und ging weiter.

»NIEDRIGER HÄNGEN«

Im Jahre 1781, zur Zeit der unglückseligen Kaffeeregie[*], entstand eines Tages in der Nähe des Fürstenhauses am Werderschen Markt in Berlin ein großer Auflauf. Alles las mit lächelnder Miene ein hoch an der Ecke angeschlagenes Papier, als der Alte Fritz mit seinem Heiducken die Jägerstraße heraufgeritten kam. Die Mützen flogen herunter; man gaffte den König mit lächelnden

und doch erschrockenen Blicken an; man wich zurück, niemand aber wagte zu sprechen. Auch der Heiduck, den er abgeschickt hatte, um zu erfahren, was es gäbe, kam lächelnd wieder und wollte nicht recht mit der Sprache heraus. »Sie haben etwas auf Euer Majestät angeschlagen.« Nun ritt der König etwas näher und sah sich selbst auf dem Bilde, wie er in höchst kläglicher Positur auf einem Fußschemel saß und eine Kaffeemühle zwischen den Beinen emsig mit der einen Hand mahlte, während er mit der andern jede herausfallende Bohne auflas. Sobald Friedrich den Gegenstand erkannt hatte, winkte er mit der Hand und rief: »Hängt es doch niedriger, dass die Leute sich nicht den Hals ausrecken müssen.«

* 1766 hatte Friedrich jede private Einfuhr von Kaffee verboten und ein staatliches Kaffeemonopol verfügt (1787 wieder abgeschafft).

DIAGNOSE

Ernst Ludwig Heim, der »alte Heim«, war einer der be-
kanntesten und beliebtesten Ärzte in Berlin. 1783, mit
36 Jahren, siedelte er nach Berlin und erwarb sich hier
eine ausgedehnte Praxis. Zu seinen Freunden zählte
auch Alexander von Humboldt, der ihn eines Tages in
seiner Praxis besuchte und ihn um eine Untersuchung
bat. Heim stellte die Diagnose, eine schwierige Krank-
heit, und kündigte ihm ein langes und schmerzhaftes
Krankenlager an. Kaum eine Woche später aber begeg-
neten sich beide auf einem Ball. Hier bekannte Heim:
»Freilich, als Freund freue ich mich, daß ich mich ge-
irrt habe. Aber als Arzt ärgert es mich infam.«

GRUSS

Eines Tages ritt Wrangel, den die Berliner mit der Zeit auch »Papa Wrangel« nannten, mit seinem Adjudanten die Prachtstraße »Unter den Linden« entlang. Ein Posten präsentierte vor dem General.

»Sehn se, der hat mir jejrießt!«

Der Adjudant wollte verbessern:

»Nein, Herr General, mich!«

»Wat, der hat Ihnen jejrießt?« verwunderte sich Wrangel. Abermals versuchte der Adjudant zu berichtigen:

»Nein, Sie.«

»Na also mein Sohn«, erwiderte der General, jetzt doch beruhigt, »er hat doch mir jejrießt.«

FRANZOSEN-BILLIGKEIT
(wert in Erz gegraben zu werden)

Zu dem französischen General Hulin kam, während des Kriegs, ein ... Bürger, und gab, behufs einer kriegsrechtlichen Beschlagnehmung, zu des Feindes Besten, eine Anzahl, im Pontonhof liegender, Stämme an. Der General, der sich eben anzog, sagte: »Nein, mein Freund; diese Stämme können wir nicht nehmen.« – »Warum nicht?« fragte der Bürger. »Es ist königliches Eigentum.« – »Eben darum«, sprach der General, indem er ihn flüchtig ansah. »Der König von Preußen braucht dergleichen Stämme, um solche Schurken daran hängen zu lassen, wie er.« –

Heinrich von Kleist

DER BRANNTWEIN-SÄUFER UND DIE BERLINER GLOCKEN

Ein Soldat vom ehemaligen Regiment Lichnowsky, ein heilloser und unverbesserlicher Säufer, versprach nach unendlichen Schlägen, die er deshalb bekam, daß er seine Aufführung bessern und sich des Branntweins enthalten wolle. Er hielt auch, in der Tat, Wort, während drei Tage: ward aber am vierten wieder besoffen in einem Rennstein gefunden, und, von einem Unteroffizier, in Arrest gebracht. Im Verhör befragte man ihn, warum er, seines Vorsatzes uneingedenk, sich von neuem dem Laster des Trunks ergeben habe? »Herr Hauptmann!« antwortete er; »es ist nicht meine Schuld. Ich ging in Geschäften eines Kaufmanns, mit einer Kiste Färbholz, über den Lustgarten; da läuteten vom Dom herab die Glocken: ›Pommeranzen! Pommeranzen! Pommeranzen!‹ Läut, Teufel, läut, sprach ich, und gedachte meines Vorsatzes und trank nichts. In der Königsstraße, wo ich die Kiste abgeben sollte, steh ich einen Augenblick, um mich auszuruhen, vor dem Rathaus still: da bimmelt es vom Turm herab: ›Kümmel! Kümmel! Kümmel! – Kümmel! Kümmel! Kümmel!‹ Ich sage, zum Turm: bimmle du, daß die Wolken reißen – und gedenke, mein Seel, gedenke meines Vorsatzes, ob ich gleich durstig war, und trinke nichts.

Drauf führt mich der Teufel, auf dem Rückweg, über den Spittelmarkt; und da ich eben vor einer Kneipe, wo mehr denn dreißig Gäste beisammen waren, stehe, geht es, vom Spittelturm herab: ›Anisette! Anisette! Anisette!‹ Was kostet das Glas, frag ich? Der Wirt spricht: Sechs Pfennige. Geb er her, sag ich – und was weiter aus mir geworden ist, das weiß ich nicht.«

Heinrich von Kleist

ANEKDOTE

Bach, als seine Frau starb, sollte zum Begräbnis Anstalten machen. Der arme Mann war aber gewohnt, alles durch seine Frau besorgen zu lassen; dergestalt, daß da ein alter Bedienter kam, und ihm für Trauerflor, den er einkaufen wollte, Geld abforderte, er unter stillen Tränen, den Kopf auf einen Tisch gestützt, antwortete: »sagts meiner Frau.« –

Heinrich von Kleist

DIE HOSE

Ein Fremder kam in ein galizisches Städtchen. Bei dem jüdischen Schneider bestellte er eine Hose. Sie wurde nicht rechtzeitig geliefert, und der Fremde reiste wieder ab. Sieben Jahre später kam er erneut in das Städtchen. Da brachte ihm der Schneider die fertige Hose. Der Fremde wunderte sich: »Gott hat die ganze Welt in sieben Tagen fertiggestellt – und Ihr braucht für eine Hose sieben Jahre?«

Der Schneider strich zärtlich über die Hose: »Seht Euch an die Welt, und seht Euch an die Hose!«

POPULARITÄT

Schleiermacher war sowohl Hofprediger an der Berliner Dreifaltigkeitskirche als auch Professor an der Universität. Seine Gottesdienste waren stets überfüllt. Als ihm jemand zu dieser Popularität gratulierte, sagte er: »Das liegt aber nicht an meinen Predigten. Mein Publikum setzt sich hauptsächlich aus Studenten, Damen und Offizieren zusammen: Die Studenten kommen, weil ich Mitglied der Prüfungskommission bin, die Damen kommen wegen der Studenten, und die Offiziere kommen wegen der Damen.«

»ICH TRINKE LIEBER TEE«

In ein Kaffeehaus in Mailand traten vor einiger Zeit zwei österreichische Offiziere in bürgerlicher Kleidung. Der eine fragte den andern, ob er Schokolade trinken wolle. Dieser antwortete, er möge lieber Tee. Gleich darauf wurden die Offiziere vor die Polizei geladen und ihnen vorgehalten, sie wären Revolutionäre, Carbonari, Liberale, und sie sollten nur alles gestehen, dann würde man ihnen vielleicht das Leben schenken. Die Offiziere sahen sich einander verwundert an und beteuerten ihre Unschuld. »Unschuldig?« donnerte der Polizeidirektor. »Herbei, Zeuge!« Da kam ein italienischer Spion und sagte den Offizieren ins Gesicht, sie hätten im Kaffeehause von Freiheit gesprochen. Der gute Spion hatte »lieber Tee« gehört und das für »Liberté« verstanden. Die Offiziere wurden mit einem ernsten Verweise wegen ihrer Unvorsichtigkeit entlassen. Den andern Morgen wurde bei der Parade dem Offizierskorps die Parole gegeben: es solle bei Strafe der Degradation künftig keiner mehr in einem Kaffeehaus sagen: »Ich trinke lieber Tee«, sondern: »Ich trinke Tee lieber.« Der Spion bekam eine Extragratifikation von zehn Dukaten.

Ludwig Börne

DER KUTSCHER MATTHIAS

Nebst den Pferden, Kühen und Gärten hatte mein Vater von seinem Vorfahren im Amte auch einen alten Kutscher übernommen, der Matthias hieß und von komischem Wesen war. Er war wie der Polichinell im Marionettenspiele, wie ein Hofnarr, dem man seine auch oft derben Späße nicht übel nahm. Als einmal ein großes Gastessen im Hause war, entfiel ihm vor der Tür die volle Suppenschüssel. Er ließ sich aber dadurch nicht aus der Fassung bringen, öffnete die Tür und sagte zu den Versammelten: »Meine Herrschaften, die Suppe wurde hier außen angerichtet, nehmen Sie die Löffel mit!«

Justinus Kerner

DAS MISSVERSTÄNDNIS

Ein ältlicher Mann wurde begraben, eine rüstige Witfrau ging hinter dem Sarge her und tat gar nötlich hinter dem Schnupftuch, verbarg das ganze Gesicht darin und schnüpfte, daß es einen Stein hätte erbarmen mögen. Auf dem Kirchhofe empfing der Totengräber seine Beute, und lauter und immer lauter jammerte das arme Weib. Der Totengräber kam mit dem Sarge nicht zurecht und sagte zu seinen Handlangern: »Mr müsse ne chehre!« Plötzlich stockte das Schluchzen, hörte der Jammer auf, vom Gesichte weg flog das Schnupftuch, und mit bleichem Gesicht, aber gleitigen Beinen sprang das Weib herbei und fragte in höchstem Schrecken: »Herr Jeses! Was! Wott er sih no wehre?«

Jeremias Gotthelf

DIE STERBENDE

Eine Budenbesitzende lag auf dem Totbett und schied
sehr ungern von dieser Welt, wo sie so viele Früchte an
den Mann gebracht hatte. – Ihr Ehegespons stand, etwas
in Nebel gehüllt, vor ihr und tröstete sie mit den Worten:
»Jräme dir nich darüber, det de sterben mußt; det findt
sich allens, un et wird schon jehen! Seh mal, eenmal mis-
sen wir alle in unsern Leben sterben!« – »Schafskopp!«
lispelte die Kraftlose und richtete sich mit Mühe ein wenig empor, »det is et ja eben! I, wenn man zehn- oder
zwölfmal sterben müßte, denn würd' ick mir aus det
eenemal nischt machen!«

Adolf Glassbrenner

ANEKDOTE VOM ALTEN SCHADOW

Und siehe da, rasch wechseln Zeit und Ort: statt der sieb-
ziger Jahre des vorigen, liegen die vierziger Jahre dieses
Jahrhunderts vor uns und statt in die kleine Schneider-
stube blicken wir in den großen Aktsaal der Berliner Aka-
demie. Die Schüler sind bereits versammelt und jedes
einzelnen Ernst und Aufmerksamkeit ist eine gesteiger-
te, denn der »Alte« ist eben eingetreten, um nach dem
Rechten zu sehen. Dieser »Alte«, ein Achtziger schon,
aber immer noch ein Mann aus dem vollen, schreitet
langsam von Platz zu Platz und nur dann und wann
bleibt er stehen und blickt musternd über die Schulter der
Zeichnenden. »Det is jut«, sagt er dem einen und klopft
ihm, als Zoll der Anerkennung, mit seiner mächtigen
Hand auf den Kopf. »Det is nischt«, sagt er zu dem andern und geht weiter. Ein dritter müht sich eben, den
Umriß einer menschlichen Figur auf dem Papier festzu-
halten, aber die Linien sind nicht sicher gezogen und
die Proportionen sind falsch. Der Alte heißt ihn aufste-
hen, nimmt seinerseits Platz auf dem leer gewordenen
Stuhl und sagt dann lakonisch: »Nu paß uff. Ich mach det
so.« Dabei nimmt er des Schülers Kreidestift, tupft Punkte mit fester Hand auf das graue, grobkörnige Zeichen-
papier, und während er diese Punkte mittelst sicher ge-

zogener Linien untereinander verbindet, brummt er vor sich hin: »Det hab ich von meinen Vater. Der war'n Schneider.«

Theodor Fontane

ANEKDOTE

Wir hatten, ein Kreis von Freunden, miteinander zu Abend gegessen und saßen noch spät in dem Arbeitszimmer des Gastgebers. Wir rauchten, und unser Gespräch war beschaulich und ein wenig gefühlvoll. Wir sprachen vom Schleier der Maja und seinem schillernden Blendwerk, von dem, was Buddha »das Dürsten« nennt, von der Süßigkeit der Sehnsucht und von der Bitterkeit der Erkenntnis, von der großen Verführung und dem großen Betrug. Das Wort von der »Blamage der Sehnsucht« war gefallen; der philosophische Satz war aufgestellt, das Ziel aller Sehnsucht sei die Überwindung der Welt. Und angeregt durch diese Betrachtungen, erzählte jemand die folgende Anekdote, die sich nach seiner Versicherung buchstäblich so, wie er sie wiedergab, in der eleganten Gesellschaft seiner Vaterstadt ereignet haben sollte.

»Hättet ihr Angela gekannt, Direktor Beckers Frau, die himmlische kleine Angela Becker, – hättet ihr ihre blauen, lächelnden Augen, ihren süßen Mund, das köstliche Grübchen in ihrer Wange, das blonde Gelock an ihren Schläfen gesehen, wäret ihr einmal der hinreißenden Lieblichkeit ihres Wesens teilhaftig geworden, ihr wäret vernarrt in sie gewesen wie ich und alle! Was ist ein Ideal? Ist es vor allem eine *belebende* Macht, eine Glücksverheißung, eine Quelle der Begeisterung und der Kraft, folglich – ein Stachel und Anreiz aller seelischen Energien von seiten des Lebens selbst? Dann war Angela Becker das Ideal unserer Gesellschaft, ihr Stern, ihr Wunschbild. Wenigstens glaube ich, daß niemand, zu dessen Welt sie gehörte, sie wegdenken, niemand sich ihren Verlust vorstellen konnte, ohne zugleich eine Einbuße an Daseinslust und Willen zum Leben, eine unmittelbare dynamische Beeinträchtigung zu empfinden. Auf mein Wort, so war es!

Ernst Becker hatte sie von auswärts mitgebracht, – ein stiller, höflicher und übrigens nicht bedeutender Mann mit braunem Vollbart. Gott wußte, wie er Angela gewonnen hatte; kurzum, sie war die Seine. Ursprünglich Jurist und Staatsbeamter, war er mit dreißig Jahren ins Bankfach übergetreten, – offenbar um dem Mädchen, das er heimzuführen wünschte, Wohlleben und reichen Hausstand bieten zu können, denn gleich danach hatte er geheiratet.

Als Mitdirektor der Hypothekenbank bezog er ein Einkommen von dreißig- oder fünfunddreißigtausend Mark, und Beckers, die übrigens kinderlos waren, nahmen lebhaften Anteil an dem gesellschaftlichen Leben der Stadt. Angela war die Königin der Saison, die Siegerin der Kotillons, der Mittelpunkt der Abendgesellschaften. Ihre Theaterloge war in den Pausen gefüllt von Aufwartenden, Lächelnden, Entzückten. Ihre Bude bei den Wohltätig-

keitsbasaren war umlagert von Käufern, die sich dräng-
ten, ihre Börsen zu erleichtern, um dafür Angela's kleine
Hand küssen zu dürfen, ein Lächeln ihrer holden Lippen
dafür zu gewinnen. Was hülfe es, sie glänzend und won-
nevoll zu nennen? Nur durch die Wirkungen, die er her-

vorbrachte, ist der süße Reiz ihrer Person zu schildern. Sie hatte alt und jung in Liebesbande geschlagen. Frauen und Mädchen beteten sie an. Jünglinge schickten ihr Verse unter Blumen. Ein Leutnant schoß einen Regierungsrat im Duell durch die Schulter anläßlich eines Streites, den die beiden auf einem Ballfest eines Walzers mit Angela wegen gehabt. Später wurden sie unzertrennliche Freunde, zusammengeschlossen durch die Verehrung für sie. Alte Herren umringten sie nach den Diners, um sich an ihrem holdseligen Geplauder, ihrem göttlich schalkhaften Mienenspiel zu erlaben; das Blut kehrte in die Wangen der Greise zurück, sie hingen am Leben, sie waren glücklich. Einmal hatte ein General – natürlich im Scherz, aber doch nicht ohne den vollen Ausdruck des Gefühls – im Salon vor ihr auf den Knien gelegen.

Dabei konnte eigentlich niemand, weder Mann noch Frau, sich rühmen, ihr wirklich vertraut oder befreundet zu sein, ausgenommen Ernst Becker natürlich, und der war zu still und bescheiden, zu ausdruckslos auch wohl, um von seinem Glücke ein Rühmens zu machen. Zwischen uns und ihr blieb immer eine schöne Entfernung, wozu der Umstand beitragen mochte, daß man ihrer außerhalb des Salons, des Ballsaales nur selten ansichtig wurde; ja, besann man sich recht, so fand man, daß man dies festliche Wesen kaum jemals bei nüchternem Tage, sondern immer erst abends zur Zeit des künstlichen Lichts und der geselligen Erwärmung erblickt hatte. Sie hatte uns alle zu Anbetern, aber weder Freund noch Freundin: und so war es recht, denn was wäre ein Ideal, mit dem man auf dem Duzfuß steht?

Ihre Tage widmete Angela offenbar der Betreuung ihres Hausstandes – dem wohligen Glanze nach zu urteilen, der ihre eigenen Abendgesellschaften auszeichnete. Diese waren berühmt und in der Tat der Höhepunkt des Winters: ein Verdienst der Wirtin, wie man hinzufügen muß, denn Becker war nur ein höflicher, kein unterhaltender Gastgeber. Angela übertraf an diesen Abenden sich selbst. Nach dem Essen setzte sie sich an ihre Harfe und sang zum Rauschen der Saiten mit ihrer Silberstimme. Man vergißt das nicht. Der Geschmack, die Anmut, die lebendige Geistesgegenwart, mit der sie den Abend gestaltete, waren bezaubernd; ihre gleichmäßige, überall hinstrahlende Liebenswürdigkeit gewann jedes Herz; und die innig aufmerksame, auch wohl verstohlen zärtliche Art, mit der sie ihrem Gatten begegnete, zeigte uns das Glück, die Möglichkeit des Glücks, erfüllte uns mit einem erquickenden und sehnsüchtigen Glauben an das Gute, wie etwa die Vervollkommnung des Lebens durch die Kunst ihn zu schenken vermag.

Das war Ernst Beckers Frau, und hoffentlich wußte er ihren Besitz zu würdigen. Gab es einen Menschen in der Stadt, der beneidet wurde, so war es dieser, und man kann sich denken, daß er es oft zu hören bekam, was für ein begnadeter Mann er sei. Jeder sagte es ihm, und er nahm alle diese Huldigungen des Neides mit freundlicher Zustimmung entgegen. Zehn Jahre waren Beckers verheiratet; der Direktor war vierzig und Angela ungefähr dreißig Jahre alt. Da kam folgendes:

Beckers gaben Gesellschaft, einen ihrer vorbildlichen Abende, ein Souper zu etwa zwanzig Gedecken. Das Menu ist vortrefflich, die Stimmung die angeregteste. Als zum Gefrorenen der Champagner geschenkt wird, erhebt sich ein Herr, ein Junggeselle gesetzten Alters, und toastet. Er feiert die Wirte, feiert ihre Gastlichkeit, jene wahre und reiche Gastlichkeit, die aus einem Überfluß an Glück hervorgehe und aus dem Wunsche, viele daran teilnehmen zu lassen. Er spricht von Angela, er preist sie aus voller Brust. ›Ja, liebe, herrliche, gnädige Frau‹, sagt er, mit dem Glas in der Hand zu ihr gewendet, ›wenn ich als Hagestolz mein Leben verbringe, so geschieht es, weil ich die Frau nicht fand, die gewesen wäre wie Sie, und wenn ich mich jemals verheiraten sollte, – das eine steht fest: meine Frau müßte aufs Haar Ihnen gleichen!‹ Dann wendet er sich zu Ernst Becker und bittet um die Erlaubnis, ihm nochmals zu sagen, was er so oft schon vernommen: wie sehr wir alle ihn beneideten, beglückwünschten, seligpriesen. Dann fordert er die Anwesenden auf, einzustimmen in sein Lebehoch auf unsere gottgesegneten Gastgeber, Herrn und Frau Becker.

Das Hoch erschallt, man verläßt die Sitze, man will sich zum Anstoßen mit dem gefeierten Paare drängen. Da plötzlich wird es still, denn Becker steht auf, Direktor Becker, und er ist totenbleich.

Er ist bleich, und nur seine Augen sind rot. Mit bebender Feierlichkeit beginnt er zu sprechen.

Einmal – stößt er aus ringender Brust hervor – einmal müsse er es sagen! Einmal sich von der Wahrheit entlasten, die er solange allein getragen! Einmal endlich uns Verblendeten, Betörten die Augen öffnen über das Idol, um dessen Besitz wir ihn so sehr beneideten! Und während die Gäste, teils sitzend, teils stehend, erstarrt, gelähmt, ohne ihren Ohren zu trauen, mit erweiterten Augen die geschmückte Tafel umgeben, entwirft dieser Mensch in furchtbarem Ausbruch das Bild seiner Ehe, – seiner *Hölle* von einer Ehe ...

Diese Frau – *die* dort –, wie falsch, verlogen und tierisch grausam sie sei. Wie liebeleer und widrig verödet. Wie sie den ganzen Tag in verkommener und liederlicher Schlaffheit verliege, um erst abends, bei künstlichem Licht, zu einem gleisnerischen Leben zu erwachen. Wie es tagüber ihre einzige Tätigkeit sei, ihre Katze auf greulich erfinderische Art zu martern. Wie bis aufs Blut sie ihn selbst durch ihre boshaften Launen quäle. Wie sie ihn schamlos betrogen, ihn mit Dienern, mit Handwerksgehilfen, mit Bettlern, die an ihre Tür gekommen, zum Hahnrei gemacht habe. Wie sie vordem ihn selbst in den Schlund ihrer Verderbtheit hinabgezogen, ihn erniedrigt, befleckt, vergiftet habe. Wie er das alles getragen,

getragen habe um der Liebe willen, die er ehemals für die Gauklerin gehegt, und weil sie zuletzt nur elend und unendlich erbarmenswert sei. Wie er aber endlich des Neides, der Beglückwünschungen, der Lebehochs müde geworden sei und es einmal, – einmal habe sagen müssen.

›Warum‹, ruft er, ›sie wäscht sich ja nicht einmal! Sie ist zu träge dazu! Sie ist schmutzig unter ihrer Spitzenwäsche!‹

Zwei Herren führten ihn hinaus. Die Gesellschaft zerstreute sich.

Einige Tage später begab sich Becker, offenbar einer Vereinbarung mit seiner Gattin gemäß, in eine Nervenheilanstalt. Er war aber vollkommen gesund und lediglich zum Äußersten gebracht.

Später verzogen Beckers in eine andere Stadt.«

Thomas Mann

DAS ERSTE TELEGRAMM

Ich sehe mich ganz plötzlich im Besitze unschätzbarer historischer Information. Und zwar verdanke ich sie einem alten grauen Eckhaus in Göttingen, in dem sich gut wohnen läßt: In diesem Hause ist das erste Telegramm aufgenommen worden!

Ich meine das erste richtige Drahttelegramm; denn »telegraphiert« hat man ja seit undenklichen Zeiten per Feuerzeichen, Trommel oder Semaphor. Hier aber arbeiteten die beiden Professoren Gauß und Weber; denn zum Telegraphieren gehören zwei, und man kann sie noch jetzt aus Bronze gegossen in den städtischen Anlagen sehen – der eine sitzt in erzenem Schlafrock mit einer elektromagnetischen Spule in der Hand, der andere jedoch steht daneben in vielgefälteltem Bronzebratenrock, deutet mit dem Zeigefinger auf die Spule und scheint zu sagen: »Herr Professor Weber – diese Spule ist der schönste Tag meines Lebens!«

Doch wie so oft bei historischen Ereignissen spielt auch hier jemand eine Hauptrolle, der weder ein Denkmal bekommen hat noch in den Annalen erwähnt wird: dieses ist Mikkelmann. Wie die Lokallegende wispert, war Mikkelmann das Faktotum der beiden Gelehrten und eines von jenen Originalen, die knapp nach dem Jünglingsalter bereits »der Olle« genannt werden – der olle Mikkelmann, er atmete, kann man sagen, durch eine Tabakspfeife, hatte die unerschütterliche Ruhe des echten Göttingers und wußte alles. Besonders in jener aufregenden Zeit, wo die Erfindung aus dem Stadium des Knobelns in das Stadium des Bastelns überging, ward Mikkelmann schlechthin unersetzlich: er wußte stets, wo der Schraubenzieher lag, so daß mit ziemlicher Gewißheit feststeht: ohne Mikkelmann kein Telegraph!

Als nun einer der Professoren nach der Sternwarte außerhalb Göttingens übergesiedelt war, um von dort in
das alte graue Haus zu telegraphieren, ergab sich jene
ärgerliche Zwischenzeit, wo man noch keine Verbindung
hatte und doch, wegen der fortschreitenden Vorarbeiten,
in ständigem Kontakt bleiben mußte. Diese Verbindung,

gewissermaßen die letzte Post vor dem Draht, war Mikkelmann – getreulich wanderte er von der Sternwarte zum grauen Haus und zurück, viele, viele Male am Tage.

Endlich war alles bereit. Am einen Ende des Drahtes saß Gauß, am anderen Weber; und nun sollte das erste Telegramm abgehen. Zu gleicher Zeit wie dieses wurde auch der olle Mikkelmann von der Sternwarte in die Stadt abgeschickt; mit Botensack und Pfeife schritt er rüstig fürbaß, wie der technische Ausdruck lautet.

Und jetzt bin ich, vor Aufregung zitternd, in der Lage, einer staunenden Nachwelt den Inhalt des ersten Telegrammes der Weltgeschichte kundzutun. Man bedenke, was das bedeutet – welche ungeheuren historischen Worte seitdem telegraphiert wurden, und wie noch heute der Normalmensch bei Empfang eines Telegramms aufgeregt wird und an alles Mögliche denkt ...

Das erste Telegramm, hier ist es. Es lautet: »Mikkelmann kömmt.«

Nicht mehr und nicht weniger. Vielleicht das einzige würdige Gegenstück zu »La vérité est en marche«: Mikkelmann kömmt! Und wie wunderbar hier bereits der ganze kommende Telegrammstil vorgeprägt ist in seiner gehaltvollen Knappheit: Mikkelmann kömmt!

Vivat Mikkelmann! Er wurde nicht in Bronze gegossen, in keinem Lexikon wirst du ihn finden – doch er bekam sein Denkmal in der Sache selbst, die er fördern half:

im ersten Telegramm. Und nun ist es meine Pflicht, eine Lokaltradition zu erwähnen, die noch heute flüsternd durch die Räume des alten grauen Hauses zirkuliert. Sie besagt, daß Mikkelmann früher angekommen sei als das Telegramm.

Sigismund von Radecki

MÄRCHEN

Als das alte Österreich 1918 zusammenkrachte, waren viele Sektionschefs, Hofräte, Kaiserliche Räte und Konzeptsbeamte plötzlich ohne Stellung und schlichen betrübt auf den Straßen umher. Da traf der alte Hofrat Habietnek seinen alten Kanzlisten Zehetgruber. Der aber sah rosig und blühend aus. »Wieso?« fragte der Hofrat. »Sind Sie nicht auch ohne Arbeit, wie wir alle?«

»Schaun's, Exzellenz«, sagte der Zehetgruber, »da haben's doch die alten Akten auf Mistwagen fortgefahren, zum Verbrennen – und da hab ich a paar Zentner büllig erstanden von die alten Akten. Und die arbeit ich jetzt so für mich zu Hause auf.«

»Wissen's was«, sagte der alte Hofrat sinnend, »wenn's wieder a paar Akten aufgearbeit' hab'n – bringen's mir zum Unterschreiben ...«

Sigismund von Radecki

KARL VALENTIN

Eines Tages war Valentin seine Taschenuhr gestohlen
worden. Zu Hause hatte er noch seine Standuhr im Spei-
sezimmer. »Wann i jetzt morgens ausgeh«, sagte Valentin, »dann schau i mir meine Standuhr recht lange an –
recht lange: damit i mir die Zeit für den ganzen Tag
merken tu ...!«

Sigismund von Radecki

KEINER WAR SCHLECHTER

In einem Gefecht während des Zweiten Schlesischen Krieges fiel ein Husarenleutnant von Wedell, den der König sehr schätzte. Als ihm die Nachricht überbracht wurde, suchte er persönlich die Lazarette ab, überall die Verwundeten fragend: »Wo ist Wedell? Wo ist Wedell?« Da geschah es, daß einer der blessierten, blutenden Soldaten sich aufrichtete und mit starker Stimme rief: »Majestät, hier liegen lauter Wedells!«

Herbert Blank

DIE SCHÖNSTE SPRACHE DER WELT

Im Berliner »Romanischen Café« saßen jiddische und deutschjüdische Schriftsteller beisammen. Man führte eine hitzige Diskussion darüber, welche Sprache die schönste auf der Welt sei. Lyon Feuchtwanger war der Meinung, die französische, Saul Tschernichowsky, die russische.

Als Scholem Asch zu Worte kam, sagte er kurz und bündig: »Und mir deucht, daß die schönste Sprache auf der Welt Jiddisch ist.«

»Warum gerade Jiddisch?« wundern sich die Kameraden von der Feder.

»Weil man jedes Wort versteht!«

AUSSTELLUNG

Als Marc Chagall noch weithin unbekannt war, wurde Liebermann aufgefordert, eine Ausstellung von ihm zu besuchen. »Nee«, erklärte er, »da jeh ick nich hin.« – »Aber an Chagall ist wirklich was dran, den sollten Sie sich ansehn.« – »Nee, ick will nich. Womöglich jefällt mir dat Zeug.«

Otto Drude

DER UNTERSCHIED

Schon weit aus der Zeit des Alt-Berliner Humors, aber getränkt von der Ironie dieser Zeit, war die Antwort Liebermanns, als er das Porträt von Sauerbruch malte. Dieser bemerkte, daß der Maler das schon fast fertige Bild an vielen Stellen wieder abkratzte. »Warum denn, es war doch sehr schön!« – »Et war eben nich scheen, et war falsch!« – »Nun, ich hätte es so gelassen.« – »Tja«, sagte Liebermann, »Ihre Irrtümer, Herr Jeheimrat, die deckt der jrüne Rasen, aba meine, meine, die hängen an de Wand!«

DER ALTE LIEBERMANN

Ein Kunsthändler aus Brüssel traf wenige Wochen nach Hitlers Machterschleichung Max Liebermann, der – sei es wegen seines hohen Alters, sei es, weil er den richtigen Augenblick zur Emigration versäumt zu haben oder anderswo nicht leben zu können glaubte – in Berlin geblieben war, im Kaffeehaus Kranzler Unter den Linden. Der Maler saß allein an einem versteckten Tisch im Hintergrund des großen Saales und kritzelte Fratzen auf die Rückseite der Speisekarte.

»Ihr Aussehen gefällt mir nicht, Meister«, sagte der Belgier nach den ersten Worten der Begrüßung. »Essen Sie nicht zu wenig? Wie geht es Ihnen überhaupt?«

»Ach, wissen Sie«, entgegnete Liebermann, »heutzutage kann man gar nicht so viel fressen, wie man kotzen möchte.«

Franz Carl Weiskopf

LOGIK DES HERZENS

Unser Tapezierer klagt seit Jahren über eine Baronin Veltzow – sie ist ihm ein paar Mark schuldig und zahlt nicht.

Unlängst, erzählt der Tapezierer, war er wieder bei ihr jammern.

»Frau Baronin, ich bitt, i hab aa mei Außenständ – d' Leut saan unbarmherzig un verklagen mi. Wann Sö mir möchten unter d'Arme greifen, daß i wenigstens könnt das Dringendste begleichen ...«

Die Baronin sprach:

»Lieber Freund, ich komme nicht einmal dazu, meine eigenen Angelegenheiten zu ordnen – und nun sollte ich auch noch anfangen, Sie finanziell zu rangieren?«

Alexander Roda Roda

EINSTEIN UND DER DIEB

Albert Einstein fuhr einmal zu einer Bank, um einen Scheck einzuwechseln. Als er zum Auto zurückkam, bemerkte er, daß sein Mantel verschwunden war.

Alsbald umringten ihn etliche Menschen.

»Es ist Eure Schuld«, sagte einer von ihnen. »Man läßt einen Mantel nicht unbewacht liegen ...«

»Nein«, unterbricht ihn der zweite. »Es ist die Schuld des Chauffeurs, weil er nicht achtgegeben hat ...«

»Es ist die Schuld des Portiers von der Bank«, mischt sich ein dritter ein. »Er hätte sehen müssen, wie der Dieb mit dem Mantel wegläuft.«

Albert Einstein nickt mit dem Kopf: »Stimmt! Wir alle drei sind schuldig. Unschuldig ist bloß der Dieb, denn er muß doch, nebich, davon leben!«

»LAMPE MUSS VERGESSEN WERDEN!«

Der große Kant führte ein liebeleeres, einsames Jung-
gesellendasein, gern hatte er eigentlich nur seinen Diener Lampe; an dessen Erfahrung war er gewöhnt, und
an dessen Treue glaubte er. Aber nach vielen Jahren stellte sich heraus, daß dieser Lampe stahl. Er wurde entlassen. Nun gab es in Kants methodisch abgeteiltem Leben
eine gewisse Stunde täglich am frühen Abend, da rückte
er seinen Sessel ans offene Fenster, spannte ab und er-
laubte sich, etwas anderes zu sein als ein zermalmender

Lampe muß vergessen werden!

logischer Hammer. Und täglich kehrten nun unweigerlich seine Gedanken zu Lampe zurück, zu seiner Sorgfalt und Pflege. Er sehnte sich nach diesem Dieb und schämte sich doch, Moralist, der er war, seiner Sehnsucht auf das bitterste. Deshalb schrieb er auf ein Stück weißen Kartons diese Worte: »Lampe muß vergessen werden!« und stellte den Karton allabendlich vor sich hin auf die Fensterbank. Man fand ihn noch in seinem Nachlasse.

Bruno Frank

CAFÉ DE LA TERRASSE

Jemand berichtet aus Berlin: Ein Dutzend verwahrloste Gefangene, geführt von einem russischen Soldaten, gehen durch eine Straße; vermutlich kommen sie aus einem fernen Lager, und der junge Russe muß sie irgendwohin zur Arbeit führen oder, wie man sagt, zum Einsatz. Irgendwohin; sie wissen nichts über ihre Zukunft; es sind Gespenster, wie man sie allenthalben sehen kann. Plötzlich geschieht es, daß eine Frau, die zufällig aus einer Ruine kommt, aufschreit und über die Straße heranläuft, einen der Gefangenen umarmt – das Trüpplein muß stehenbleiben, und auch der Soldat begreift natürlich, was sich ereignet hat; er tritt zu dem Gefangenen, der die Schluchzende im Arm hält, und fragt:

»Deine Frau?«

»Ja –.«

Dann fragt er die Frau:
»Dein Mann?«
»Ja –.«
Dann deutet er ihnen mit der Hand:
»Weg – laufen, laufen – weg!«
Sie können es nicht glauben, bleiben stehen; der Russe marschiert weiter mit den elf andern, bis er, einige hundert Meter später, einem Passanten winkt und mit der Maschinenpistole zwingt, einzutreten: damit das Dutzend, das der Staat von ihm verlangt, wieder voll ist.

Max Frisch

DER HUT

Wir wollten nach Holland fahren. »An Hut sollten mir uns kaufn«, sagte Brecht, »über die Grenze geht man besser mit Hut.«

Ich hielt das für einen Scherz und lachte; er lächelte.

Wir kamen nach Aachen. »Jetzt wär's also Zeit z'wegn dem Hut«, sagte Brecht, und da erst erspürte ich, daß es ihm ernst war mit dem Hutkauf, und mir fiel jene Stelle aus der »Carrar« ein, in der es um die Arbeitermütze geht, nach der die Reaktion schießt.

Wir gingen einen Hut für ihn kaufen. Der Laden war vollgestopft mit Hüten von »Spießbürgerglocken« bis zu Zylinderhüten. Brecht versuchte es mit einem Sporthut, setzte ihn auf, stellte sich vor den Probierspiegel und starrte mit weit aufgerissenen Augen, als wäre er erstaunt über sich selber. Ich sollte begutachten. Der Sporthut war fipsig, und Brecht hätte ihn nicht mal in seiner Samson-Körner-Zeit tragen können.

Er versuchte es mit einer Art Trachtenhut. Darin sah er aus wie ein gescherter Jager bei Ganghofer. Noch schlimmer. Jetzt probierte er Hüte in den verschiedensten Grautönen. Auch nichts, allenthalben die Krempen zu mager.

Der eifrige Hutverkäufer wollte sich das Geschäft nicht entgehen lassen. Er schickte ins Lager. Jetzt kamen alle

Arten von Schlapp- und Künstlerhüten hervor. Brecht probierte und probierte, starrte sich im Spiegel an und forderte mein Urteil. Nichts, nichts, ein Brecht ohne graue Tuchmütze war für mich unmöglich.

»Wenn ich nur den fänd, wie ihn der Valentin mal gehabt hat«, sagte Brecht und probierte unermüdlich wie bei einer Kostümprobe auf dem Theater. Mit Schlapphüten sah er aus wie ein schlechtgetarnter Einbrecher, besonders, wenn er mit starrem Blick in den Spiegel sah.

Er überlegte, ob wir nicht einen anderen Hutladen aufsuchen sollten. Ich riet ab. Mir war, als hätten wir bereits alle Männerhutmodelle der Welt, bis auf ausgesprochene Texashüte, durchprobiert.

Nun, so wollte Brecht, der die Mühe des Hutverkäufers anerkannte, eben einen Schlips kaufen. Alle Schlipse im Laden waren natürlich bunt, wie es die derzeitige Mode vorschrieb. Brecht aber wollte einen grauen Schlips.

Es wurde wieder zum Lager geschickt. Man brachte die altmodischsten Schlipse, über die das Haus verfügte, sogar solche zum Anschnallen waren dabei. Brecht zog einen hellgrauen Schlips aus dem Haufen. »So einer wär schon recht, nur so bunt, wenn er nicht wär!« Die Schlipse, die den Grauton hatten, der Brecht vorschwebte, waren die zum Anschnallen. Da riet ich wieder ab. Schließlich nahm Brecht den dunkelsten Schlips von den hellgrauen.

Der Verkäufer wollte aufseufzen, fing den Seufzer aber ab und hüstelte. Er wollte den Schlips eintüten, doch Brecht kam ihm zuvor, nahm ihn und stopfte ihn in die Jackentasche. Der Verkäufer sah drein, als ob er jemanden Erdbeeren mit dem Messer essen sähe.

Wir kamen an die Grenze. Ein westdeutscher Grenzpolizist prüfte unsere Papiere. Er besah uns von oben nach unten und von unten nach oben: Brecht mit der zerknitterten Litewka und den ausgebeulten Hosen, mich mit der ledernen Motorrad-Rennweste. Dann kam's im Tone eines preußischen Kompaniefeldwebels: »Was, Schriftsteller seid ihr? In dem Aufzug?« Er sah wieder in die Papiere. »Aus der Ostzone natürlich, na, da werd ihr was schreiben.«

Ich ging hoch, verbat mir den Kasernenton. Brecht zitterte vor Empörung, doch er sagte nichts. Man ließ uns passieren, und Brecht sagte, immer noch kopfschüttelnd: »Aber an Hut, wenn wir gehabt hätten …«

Erwin Strittmatter

»Die Anekdote hat keinen Autor, sie hat nur einen Erzähler.« *Karel Čapek*

TEXTNACHWEISE

Anekdote, S. 70. Thomas Mann, »Die Anekdote«, aus: Sämtliche Erzählungen. Band 1. © 1966, 1967 by Katia Mann. Alle Rechte vorbehalten S. Fischer Verlag GmbH, Frankfurt am Main.

Anekdote vom alten Schadow, S. 68, aus: Theodor Fontane, Wanderungen durch die Mark Brandenburg, Band 4: Spreeland, herausgegeben von Edgar Groß, Nymphenburger Verlagshandlung München 1960.

Anekdote vom Weissagen, S. 35, aus: C. F. D. Schubart's, des Patrioten, gesammelte Schriften und Schicksale, J. Scheibles Buchhandlung Stuttgart 1839.

Café de la Terrasse, S. 96, aus: Max Frisch, Tagebuch 1946-1949, © Suhrkamp Verlag Frankfurt am Main 1950.

Das erste Telegramm, S. 79, Märchen, S. 84, Karl Valentin, S. 85, aus: Sigismund von Radecki, Das ABC des Lachens, Rowohlt Verlag Reinbek 1972.

Das Grabmal der Semiramis, S. 7, Das Geschenk des Tyrannen, S. 8, Todesurteil, S. 9, Damoklesschwert, S. 14, Ehrgeiz, S. 23, aus: Götter, Spötter und Verrückte, Antike Anekdoten, herausgegeben von Gerhard Fink, Insel Verlag Frankfurt am Main und Leipzig 1995.

Das Missverständnis, S. 65, aus. Jeremias Gotthelf, Sämtliche Werke, herausgegeben von Rudolf Hunziker und Hans Bloesch, Verlag Eugen Rentsch Erlenbach/Zürich 1931.

Das Scherbengericht, S. 10, aus: Wie der gordische Knoten gelöst wurde. Anekdoten der Weltgeschichte historisch erklärt, herausgegeben von Matthias Steinbach, Reclam Verlag Stuttgart 2011.

Der afrikanische Rechtsspruch, S. 37, aus: Blumenlese aus morgenländischen Dichtern, herausgegeben von Johann von Müller, Bureau der deutschen Classiker Karlsruhe 1821.

Der alte Liebermann, S. 90, aus: Franz Carl Weiskopf, Gesammelte Werke, © Aufbau Verlag GmbH & Co. KG, Berlin 1965, 2008.

Der Gordische Knoten, S. 11, aus: Plutarch, Alexander, übersetzt und herausgegeben von Marion Giebel, Reclam Verlag Stuttgart 1980.

»Der Hut«, S. 98, aus: Erwin Strittmatter, Schulzenhofer Kramkalender © Aufbau Verlag GmbH & Co. KG, Berlin 1966.

Lebenswandel, S. 25, Ruhekissen, S. 26, Giotto und das Schwein, S. 27, Nehmen und geben, S. 33, Das Ei des Kolumbus, S. 34, aus: Anekdoten der Weltliteratur. Eine Auswahl aus drei Jahrtausenden mit einem Nachwort von Federico Hindermann, Manesse Verlag Zürich 1980.

Der Kutscher Matthias, S. 64, aus: Justinus Kerner, Bilderbuch aus meiner Knabenzeit, herausgegeben und erläutert von Günter Häntzschel, Insel Verlag Frankfurt am Main 1978.

Der verlorene Esel, S. 28, Ein Mann, ein Wort, S. 30, aus: Celal Özcan, Die besten Geschichten von Nasreddin Hodscha. Zweisprachige Ausgabe. Deutsche Übersetzung von Rita Seuß © 2014 dtv Verlagsgesellschaft, München.

Diagnose, S. 55, Gruß, S. 56, Ausstellung, S. 88, Der Unterschied, S. 89, aus: Alt-Berliner Humor. Anekdoten und Karikaturen, herausgegeben von Otto Drude, Insel Verlag Frankfurt am Main 1986.

Die Mutter der Gracchen, S. 18, Lakonische Höflichkeit, S. 19, aus: Valerius Maximus, Sammlung merkwürdiger Reden und Thaten, übersetzt von Friedrich Hoffmann, Stuttgart 1828/29.

Die schönste Sprache der Welt, S. 87, Einstein und der Dieb, S. 92, aus: Jüdische Anekdoten und Sprichwörter, ausgewählt und übertragen von Salcia Landmann, jiddisch und deutsch, Deutscher Taschenbuchverlag München 1965.

Die Sterbende, S. 67, aus: Adolf Glassbrenner, Unsterblicher Volkswitz, herausgegeben von Klaus Gysi und Kurt Böttcher, Verlag Das Neue Berlin Berlin 1954.

Franzosen-Billigkeit, S. 57, Der Branntwein-Säufer und die Berliner Glocken, S. 58, Anekdote, S. 60, aus: Heinrich von Kleist, Sämtliche Werke und Briefe, herausgegeben von Helmut Sembdner, Carl Hanser Verlag München 1961.

»Geh mir aus der Sonne!«, S. 13. Aus: Diogenes Laertios, Leben und Lehre der Philosophen, aus dem Griechischen übersetzt und herausgegeben von Fritz Jürß. Reclam Verlag Stuttgart 1998.

»Ich trinke lieber Tee«, S. 63, aus: Ludwig Börne, Sämtliche Schriften, herausgegeben von Inge und Peter Rippmann, Melzer Verlag Düsseldorf 1964.

Inkognito, S. 52, aus: Sterbliches von Unsterblichen. 116 deutsche Anekdoten, herausgegeben von Edgar Diehl, Bildgut-Verlag, Essen 1943.

Kannitverstan, S. 39, Moses Mendelssohn, S. 44, Dankbarkeit, S. 48, aus: Johann Peter Hebel, Schatzkästlein des rheinischen Hausfreundes, herausgegeben und mit einem Nachwort versehen von Jan Knopf, Insel Verlag Frankfurt am Main 1984.

Keiner war schlechter, S. 86, aus: Herbert Blank, Unter dem Schwarzen Adler. Preußische Berichte und Anekdoten, Holsten Verlag Hamburg 1957.

»Lampe muss vergessen werden!«, S. 94, aus: Das Anekdotenbuch deutscher Erzähler der Gegenwart, herausgegeben von Karl Lerbs, Vera Verlag Hamburg 1924.

Lesart, S. 46, Die Hose, S. 61, Popularität, S. 62, aus: Geh mir aus der Sonne. Anekdoten über Philosophen und andere Denker, herausgegeben von Peter Köhler, Reclam Verlag Stuttgart 2001.

Logik des Herzens, S. 91, aus: Alexander Roda Roda, Roda Roda's Geschichten, ausgewählt, illustriert und mit einem Vorwort versehen von Gregor von Rezzori, Rowohlt Verlag Reinbek 1956.

Lucullus, S. 21, aus: Plutarch, Große Griechen und Römer, übersetzt von Konrad Ziegler, Artemis Verlag Zürich 1955.

Nicht zu Hause, S. 16, aus: Marcus Tullius Cicero, De Oratore/Über den Redner, Lateinisch/Deutsch, übersetzt und herausgegeben von Harald Merklin, Reclam Verlag Stuttgart 1976.

»Niedriger hängen!«, S. 53, aus: Anekdoten von Friedrich dem Großen, herausgegeben von Reinhold Schneider, Insel Verlag Leipzig 1938.

Pyrrhus und Kyneas, S. 31, aus: Michel de Montaigne, Essais, herausgegeben und übersetzt von Herbert Lüthy, Manesse Verlag Zürich 1953.

INHALT

3. Auflage 2020. © Insel Verlag Berlin 2017. Für die Illustrationen © Mehrdad Zaeri, vermittelt durch die Agentur Susanne Koppe, Hamburg, www.auserlesen-ausgezeichnet.de. Alle Rechte vorbehalten, insbesondere das der Übersetzung, des öffentlichen Vortrags sowie der Übertragung durch Rundfunk und Fernsehen, auch einzelner Teile. Kein Teil des Werks darf in irgendeiner Form (durch Fotografie, Mikrofilm oder andere Verfahren) ohne schriftliche Genehmigung des Verlages reproduziert oder unter Verwendung elektronischer Systeme verarbeitet, vervielfältigt oder verbreitet werden. Bezugspapier: Mehrdad Zaeri. Gesetzt in der Schrift Scala. Gedruckt auf holzfreies, alterungsbeständiges Werkdruckpapier der Firma Cordier, Bad Dürkheim, von der Memminger MedienCentrum AG. Gebunden in Fadenheftung von der Josef Spinner Großbuchbinderei GmbH, Ottersweier.
Printed in Germany. Erste Auflage 2017.
ISBN 978-3-458-19439-2